LA JOURNEE

DES DUPES,

PIÈCE TRAGI-POLITI-COMIQUE,

REPRÉSENTÉE

SUR LE THÉATRE NATIONAL

PAR

LES GRANDS COMÉDIENS DE LA PATRIE.

1790.

PERSONNAGES.

BIMEAURA.
PECHEILLAR. } *Conjurés du grand Collège.*

CATEPANE.
MONTMICY.
MOLA.
ALMENANDRE. } *Conjurés du petit Collège.*

MOUNIER, *Citoyen vertueux.*

LAIBIL; *on ne fait pas bien ce que c'est encore.*

YETAFET, *Officier.*

LA PEYROUSE, *voyageur.*

O PARIA, *Indien.*

M^de. DU CLUB, *Maîtresse d'auberge.*

M. GARDE-RUE, *Sergent.*

SOLDATS.

TROUPE DE BRIGANDS, *soi-disans*
Nation.

LA JOURNÉE
DES DUPES,
PIÈCE TRAGI-POLITI-COMIQUE.

ACTE PREMIER.

SCENE PREMIERE.
BIMEAURA, PECHEILLAR.

BIMEAURA.

Eh-bien, Pecheillar, tu t'applaudis
fans doute de t'être aflocié à mes
projets. Ta réputation, rivale de ma
gloire, a déja porté ton nom dans
toutes les provinces du Royaume.
Mais ne nous bornons pas à de vains
triomphes ; la réputation, comme
le ciment qui unit les diverfes parties.

A 3

d'un édifice, ne doit être rien pour nous, si elle ne sert à consolider notre fortune.

PECHEILLAR.

Qui peut mieux que moi, Bimeaura, saisir la vérité de ce principe. De tout tems j'ai regardé la réputation des hommes comme une vapeur legère, qu'un souffle élève, & qu'un souffle abaisse. Mon intérêt doit être pour toi le garant de ma fidélité & de mon zèle. J'ai tout à gagner & n'ai rien à perdre.

BIMEAURA.

C'est là la position qui favorise les grandes entreprises ; aussi ai-je mis ma confiance en toi, comme un agent sur & décidé. Je vais actuellement te découvrir, sans mistère, les nouveaux plans qui doivent assurer nos hautes destinées.

Il est tems, Pecheillar, de te faire distinguer les amis qui nous servent, des rivaux que nous avons à combattre. Trois factions ont renversé le trône, tu les a toutes confondues dans leur marche, il faut te faire connoître leurs vues.

Reken, ivre de bonheur & de gloire, a cru que c'étoit trop peu pour un homme de son caractère d'être le ministre d'un roi puissant. Son étonnante popularité lui a fait concevoir le hardi projet de s'établir médiateur entre le monarque & son peuple, croyant les maîtriser également, l'un par la crainte, & l'autre par l'espérance. Il a préparé la destruction des deux premiers ordres de l'état ; j'ai favorisé sa marche, parce qu'elle s'accordoit avec mes plans. Mais Reken n'a pas une ame faite pour les grandes révolutions. Reken a pris le masque de la vertu, ignorant sans doute que si les Saints peuvent attirer le peuple aux pieds des autels, il faut un autre caractère & d'autres moyens pour le conduire à la bréche. Sylla, Catilina, Cæsar, Cromwell ; voilà les modèles qu'il faut suivre quand on veut boulverser un empire ; aussi avec un nom souillé, mais avec une audace qui ne respecte rien, je fuis plus redoutable que lui. Reken a donc tremblé, quand il a vu que fon pieux bavardage ne maîtrifoit plus ces flots impétueux que j'agite à mon gré. Il a balancé dans fa marche, je l'ai pris fur le tems, & l'attaquant avec courage, j'ai affoibli cette grande popularité, j'ai dévoilé fa foibleffe, intimidé fon génie ; mais Reken n'eft point anéanti, il convient encore à mes projets qu'il fe traîne fans gloire fur le chemin de la liberté, dans lequel fon ambition a imprudemment engagé fes premiers pas.

PECHEILLAR.

Ce n'eft affurément pas là le rival que nous avons à craindre.

BIMEAURA.

Non, fans doute, ce foible efprit eft pour toujours abandonné à la honte & aux remords. Mais comme les évènemens femblent fe jouer de la prudence des humains ! l'homme qui, fans génie, fans projet, s'eft jetté pans le tourbillon, uniquement pour avoir l'air de jouer un rôle, est celui que les circonstances veulent envain élever au-dessus de moi. Yetafet veut anéantir la monarchie, pour former une association fœdérative. Il compte obtenir le commandement des milices des provinces confédérées, c'est là la récompense que lui promet le parti dont il sert les projets ; mais il se flatte d'un fol espoir. En vain il cherche à couvrir son ambition du voile de la popularité ; en vain il affecte de prendre avec soumission les ordres de Laibil ; la fausse modestie est un cadre qui fait ressortir l'orgueil ; c'est inutilement encore qu'il l'en-toure de livrées somptueuses, qu'il charge son écusson des anciennes abéilles des Rois francs, il faut autre chose qu'un mannequin doré pour faire un maire du palais.

Yetafet sait que je suis instruit de tous ses projets, il sait que je veux les combattre, mon audacieux génie l'allarme, &, au milieu de sa garde fastueuse, il tremble.

Tu vois, Pecheillar, que nous

avons dû marcher tous de front jufqu'à ce jour, puifque nos projets
ne trouvoient d'obftacles que fur le
trône. Mais cette journée doit mettre
fin à notre union, l'évènement qui
fe prépare va décider notre fort.

P E C H E I L L A R.

De quelle impatiente curiofité tu
remplis mon efprit.

B I M E A U R A.

Tu connois mes principes ; j'ai mis
en mouvement les deux grands agens
du monde : l'intérêt & la vanité.
Déja ces avocats, dont la horde
obfcurcit l'affemblée, fe croyent
autant de potentats. Ces enfants
perdus que j'ai enlevés à leur fa-
milles, & que mon génie dirige,
penfent être des hommes, & font
flattés de voir divulguer un fecret
qui n'étoit encore connu que du pré-
cepteur qui les avoit fouettés la
veille. Des courtifans, idolâtres de
l'autorité, jouent toujours le même
rôle, ils encenfent leur idole entre

les mains du peuple. Le parjure &
l'usure ont décidé la marche d'un
pontif; des *pasteurs* subalternes &
ignorans, égarés par l'avarice &
l'orgueil, espèrent partager la
puissance & la fortune de leurs chefs;
le bourgeois engoncé sous ses larges
épaulettes se croit le rival d'Ale-
xandre; le peuple souffre, je le sais;
mais l'espérance le soutient encore,
& je ne puis m'empêcher d'admirer
avec toi la crédulité de cette tourbe
ignorante, à qui il m'a été si facile
de persuader que je passois subitement
du genre de vie dissolue dans laquelle
nous avons vécu, pour braver en
sa faveur tous les dangers, me livrer
aux plus pénibles travaux, sans aucun
intérêt personnel, uniquement guidé
par le saint amour de l'humanité.
Non, peuple insensé, Bimeaura seroit
plus peuple que toi, s'il ne s'élevoit
pas à de plus hautes idées!

Je veux être maître, Pecheillar,
& n'ai encore rien fait pour le devenir.
Les deux premiers ordres de l'état
anéantis, l'armée débauchée, les

tribunaux supprimés, l'honneur français souillé par mille atrocités, la
discorde, à la voix de mes agens,
secouant par-tout ses flambeaux ;
tout est inutile sans le coup qu'il
faut frapper aujourd'hui. La présence
du monarque m'offusque, le grand
caractère de la reine m'effraye, il
faut que tous ces phantômes impor-
tuns disparoissent.

PECHEILLAR.

Mais je ne te vois aucuns moyens
suffisans dont tu puisse disposer pour
une si grande entreprise. Où sont tes
soldats ?

BIMEAURA.

Mes soldats ! j'ai de grands trésors
que je prodigue, & songes qu'un
soldat, qui une fois a vendu son honneur, a toujours un marché ouvert
avec celui qui peut le payer.

PECHEILLAR.

Mais ne crains-tu pas que ton
projet ne soit connu, & qu'une main
vangeresse.....

B i m e a u r a.

Ne crains rien pour moi, tous mes ennemis font parmi les gens délicats & honnêtes, & je difpofe du fer & du poifon des fcélérats. Mon plan eft bien combiné, rapporte-t-en à mon génie ? Je me fers de la vanité d'Yetafet qui veut avoir le monarque fous fa garde, je l'ai excité par mes émiffaires; mais tout fera confommé par les mains les plus viles. Le roi prendra la fuite, & fon époufe.....
Mais quel bruit entends-je ? C'eft le peuple qui s'attroupe, il faut lui parler, & je t'inftruirai après du rôle que tu dois jouer dans cette importante journée.

SCÈNE II.

BIMEAURA , PECHEILLAR , *une Patrouille de la Garde Natio-*
nale, du Peuple.

(Deux Sentinelles placés vis-à-vis l'un
de l'autre.)

(*ensemble.*)

Qui vive !

UNE POISSARDE.

N'ayes pas peur, patrouille , c'est
moi.

LES DEUX SENTINELLES (*ensemble.*)

Passez de l'autre côté.

LES POISSARDES.

Est ce que la rue a trois côtés ?
Vaudroit autant nous dire de nous en
aller.   (*appercevant Bimeaura.*)
Hé ! c'est notre vigoureux
Par quel hasard notre gros papa

est-il hors de chez lui de si bon matin.

BIMEAURA.

Mes enfans, je veille toujours pour votre bonheur.

UNE POISSARDE.

Faut convenir, Mesdames, que j'avons là un brave galant; il faut, mon vigoureux, que je te plante deux bons baisers sur tes grosses joues.

UNE POISSARDE.

T'as raison, Catherine, il le mérite bien; car il paye mieux qu'un Prince.

BIMEAURA.

Rien ne me plaît, Mesdames, autant que ces témoignages de votre tendresse.

UNE POISSARDE.

Il a ma sinte lâché le mot; c'est que je t'aimons bien. Je ferons toujours tout ce que tu voudra; tu sais comme j'étions prêtes pour ce chien de *veto*; mais actuellement, mon vigoureux, dis-nous donc qu'euque c'est que cette varmine là ?

BIMEAURA.

Mais ce seroit peut-être bien long à vous expliquerr

UNE POISSARDE

Pardienne, mon vigoureux, toi qui as taht d'éloquence, tu nous diras ça en quatre mots. J'entendrons toujours allez bien. Tiens, c'est que jamais je ne savons les choses qu'après que je les avons faites, & je voulons nous exercer pour envoyer nos Députés à l'assemblée nationale.

BIMEAURA.

Eh bien, voici ce que c'est que le *veto*. Il y en a de deux especes ; l'un est absolu & l'autre suspensif.

UNE POISSARDE.

Tians, Catherine, vois-tu comme il parle ; c'est du biau ça, dame.

BIMEAURA.

Imaginez-vous que vous êtes dans votre

Votre maison bien tranquille, la table
mise, toute votre famille s'apprête à
manger la soupe; il prend fantaisie au
roi de dire *veto*, & sur le champ il
prend votre soupe , & vous laisse là ,
emportant votre dîner.

UNE POISSARDE.

Qu'eu chienne de gueule ! je ne
voulons pas de cet absolu , ca rime
à mon cul.

UNE AUTRE POISSARDE.

Mais, mon vigoureux, j'ons donc
queuque chose de cette affaire-là ;
car j'ons le si pensif.

BIMEAURA.

Oui , vous avez le *veto* suspensif,
mais c'est comme si vous n'aviez rien.
Car lorsque le roi aura dit son *veto* ,
vous avez encore plus de deux ans
pour manger votre soupe.

UNE POISSARDE.

Oh , morbleu, je ne laisserai jamais
refroidir la mienne.

B

BIMEAURA.

Vous voyez avec quel zèle nous vous fervons, nous courrons bien des dangers, mais nous ne craignons rien, tant que nous fommes fûrs de vos fervices. Songez que nous avons des ennemis communs ; on vous les fera toujours connoître fous le nom d'ariflocrate ; il n'en faut épargner aucun. Ainfi obeiflez aveuglement aux gens qui vous donneront des ordres. Adieu, Pecheillar, fuis-moi.

TOUTES LES POISSARDES *enfemble.*

Je brûlerons notre derniere juppe plutôt que de l'abandonner.

UNE POISSARDE.

De quelle diable de chicane il nous a debarraflé-là C'étoient les riflocrates qui vouloient ce *veto* pour manger notre pain, ah ! les chiens.

UN HOMME DE LA TROUPE.

Je vais mettre quatre charges dans mon fufil & le premier ariflocrates que je rencontrerai, payera pour le *veto*.

UNE POISSARDE.

Mefdames, allons joindre nos ca-
marades qui nous attendent, car il
y a quelque chofe de grand à faire
aujourd'hui :

*Le peuple fort, excepté quelques traî-
neurs qui voient arriver M. de la
Peyroufe & o Paria, ils les obfer-
vent.*

SCÈNE III.

LA PEYROUSE, O PARIA;
quelques gens du Peuple.

LA PEYROUSE.

Mon cher O Paria, tu as trop
pleuré ta patrie pour être étonné
des tranfports qui agitent mon
cœur en voyant mon pays. Le fpec-
tacle que t'ont préfenté des marins
fatigués d'une longue navigation,

a suffi pour t'inspirer le desir de connoître la France ; mais quels tableaux sublimes & ravissans vont s'offrir ici à ton esprit observateur, vont pénétrer ton cœur sensible. Un territoire immense, une population nombreuse, gouvernés par des ressorts invisibles qui entretiennent par-tout l'harmonie, la confiance & le bonheur. Tes yeux vont être éblouis de l'éclat du trône. Tu vas voir le plus grand monarque de l'univers tempérant sa puissance & sa force par sa modération & ses vertus pacifiques ; près de lui une reine brillante de gloire & de beauté, adoucissant par une affabilité touchante cet air de majesté qu'elle tient de la nature & de son grand caractere.

UN HOMME DU PEUPLE (*bas à la troupe.*)

Quel langage ! c'est bien là un aristocrate. Courrons vîte chercher du monde pour l'arrêter.

(*Ils sortent.*)

LA PEYROUSE.

Tu vas fur-tout admirer l'urba-
nité & la douceur de ce peuple
aimable, fon idolâtrie pour fon roi,
cet efprit piquant & ingénieux qui
fait de la capitale le temple des
arts, des fpectacles enchanteurs,
une police plus étonnante encore,
les plaifirs & la fûreté attirant de
toutes parts des voyageurs curieux,
qui viennent ici répandre à grands
flots les richeffes des nations étran-
gères; tu feras touché fur-tout de
l'accueil flateur dont ce peuple généreux va récompenfer mes travaux
& mes dangers; tu vas voir jufqu'à
quel point les Français font dignes...

SCÈNE IV.

LA PEYROUSE, O PARIA, LE PEUPLE, M. GARDE-RUE, Soldats.

LE PEUPLE (*revient en criant*):

A bas la cocarde blanche !

LA PEYROUSE.

Que signifie ce langage ?

LE PEUPLE.

A bas la cocarde blanche !

LA PEYROUSE.

Ignorez-vous donc qu'un soldat Français n'abandonne jamais ses couleurs.

LE PEUPLE.

Un soldat ! Il n'y a plus de soldats en France, il n'y a que des citoyens.

LR PEYROUSE.

Retirez-vous, canaille! ou je vous ferai bientôt fentir qu'on n'infulte pas impunément devant moi l'armée Françaife.

LE PEUPLE.

C'eft ainfi que tu ofes parler à la la nation! (*Ils fe jettent fur lui, lui arrachent fa cocarde, & lui volent fes boucles, fa montre, & tout ce qu'O Paria poffede*).

A bas la cocarde!.... Il faut que tu fafle un don patriotique.

(*La patrouille arrivée*).

M. GARDE-RUE.

Paix là! paix là! Meffieurs les Citoyens ; de grace point de bruit !..... An nom de dieu, au nom de la loi! permettettez que j'approche. (*Il fépare le peuple*).

LA PEYROUSE à M. GARDE-RUE.

Ah! Monfieur, vous arrivez bien à propos pour me tirer des mains de ces brigands.

B 4

M. GARDE-RUE.

Modérez-vous, Monfieur, dans vos expreffions, ces brigands font des hommes.

LE PEUPLE.

C'eft un ariftocafte ! à la lanterne !

LA PEYROUSE.

J'imagine , Monfieur, que vous ne venez pas ici pour appuyer ces gens-là dans leur criminelle entre-prife.

M. GARDE-RUE.

Monfieur, les droits de l'homme font en vigueur, & je n'ai que la voie de la repréfentation , jufqu'à ce que la loi martiale foit publiée. Mais ces Meffieurs font des citoyens qui aiment autant la juftice que la liberté.

LE PEUPLE.

C'eft un ariftocrafte ! à la lanterne !

M. GARDE-RUE.

Patience, Meffieurs ! je ne viens pas ici pour m'oppofer à la volonté souveraine de la nation; mais vous ne refuserez pas sans doute d'entendre cet homme, qui n'a pas trop son esprit à lui.

(*A la Peyrouse*).

Qui êtes-vous, Monsieur?

LA PEYROUSE.

Moi, Monsieur, je suis un voyageur.

M. GARDE-RUE.

Vous avez donc un passeport de votre district, veuillez bien me le communiquer.

LA PEYROUSE.

Un passeport de mon district? que voulez-vous dire, Monsieur.

M. GARDE-RUE.

Vous savez bien, Monsieur, que depuis que nous sommes libres, on ne voyage pas sans permission de sa paroisse.

LA PEYROUSE.

Depuis que nous sommes libres !....

Un passeport de mon district…. Je
ne vous comprends pas, Monsieur.

M. GARDE-RUE.

Mais au moins avez-vous sur vous
la permission du district pour porter
un sabre.

LA PEYROUSE.

Est-ce qu'un Gentilhomme a besoin
d'une permission pour porter ses
armes.

LE PEUPLE.

Un gentilhomme !... c'est un aristocrate !... à la lanterne.

M. GARDE-RUE.

Prenez-garde à ce que vous dites,
Monsieur. Vos réponses ne font nul-
lement satisfaisantes. Vous voyez
qu'elles ne plaisent pas à la nation ;
elle finiroit par vous pendre ; il faut
me suivre à l'hôtel-de-ville. (*aux soldats.*) Messieurs les soldats ! attention, je vous prie, au commandement !... Faites-moi l'honneur d'enve-
lopper cet homme !

Un Grenadier.

Mais, M. Garde-rue, ce n'est pas comme cela qu'on commande. Je vais vous faire voir ce que c'est... attention!... à droite & à gauche, ouvrez les rangs!... marche!... alte!... voilà votre homme enveloppé.

M. Garde-rue.

Ah! Monsieur le grenadier, que je vous ai d'obligation; vous m'avez tiré là d'un grand embarras.

La Peyrouse.

Comment, Monsieur, vous m'emmenez comme un criminel, & ces brigands qui m'ont maltraité & dépouillé restent libres.

M. Garde-rue.

Monsieur, je ne sais qu'y faire. Je vois que vous ne connoissez pas encore bien la liberté. Vous êtes venu dans un mauvais moment, & vous voilà justement entre les droits de l'homme & la loi martiale.

LA PEYROUSE.

Expliquez-moi ces énigmes.

M. GARDE-RUE, (*avec un sourire de mépris.*)

Je vois bien, Monsieur, que vous n'avez lu aucun des décrets de l'assemblée. Voici ce dont il s'agit. Nous avons obtenu les droits de l'homme ; dès ce moment tout ce que vous appellez dans votre langage aristocratique, brigands, canaille, regne & fait tout ce qui lui plait ; quand cela devient trop fort, on publie la loi martiale : c'est une finesse des aristocrates, parce qu'alors on tue tout le monde, ce qui établit l'équilibre , & fait une compensation. C'est par cette sublime combinaison qu'on a trouvé moyen de rendre libre & tranquille, tour-à-tour, les citoyens & les aristocrates.

LA PEYROUSE.

Je rêve, sans doute.

LE PEUPLE.

Vive le tiers-état ! ou à la lanterne !

M. GARDE-RUE.

Criez, Monsieur, criez.

LA PEYROUSE.

Que voulez-vous que je crie ?

M. GARDE-RUE.

Ce que la nation vous commande.

LE PEUPLE.

Vive le tiers-état ! ou à la lanterne !

M. GARDE-RUE.

Criez, Monsieur, criez, ou je ne réponds pas de vos jours.

LA PEYROUSE (*en fortant.*)

Vive la lanterne ! vive la lanterne !

(*Ils fortent*).

O Paria refle.

SCÈNE V.

O PARIA, *feul.*

IL y a fi long-tems que le capitaine eſt ſorri de France qu'il n'en ſait plus trouver le chemin ; il s'en croyoit plus près qu'il ne l'eſt. Il ſavoit mieux le chemin de nos Iſles que celui de ſon pays… Mais qu'eſt-ce que c'eſt que nation, pour qui ces gens-là m'ont dépouillé. C'eſt ſans doute quelque tyran qui pille les voyageurs. Pour moi je regrette bien peu mes boucles, je marcherai auſſi bien pieds nuds. Je vais ſuivre le capitaine, car ſans lui je ne trouverai jamais le chemin de cette belle France.

(*Il ſort.*)

SECOND ACTE.

SCENE PREMIERE.

Y ETAFET, (*feul.*)

QUELS mouvemens ont-ils donc fait naître dans mon cœur ?..... Sans doute, ils ont raifon....... Mon rôle eft fecondaire, il manque quelque chofe à ma gloire..... Un autre étale fa puiffance fous les yeux de fon ancien maître , il protége la cour , il affure la tranquillité de l'affemblée.... Et moi je règne fur des bourgeois, qui , à chaque inftant, me difputent l'empire; tout ce qu'il y a de grand fuit l'enceinte des murs où je commande. Que m'importe de déployer toute la pompe de l'autorité devant un peuple féduit & ignorant; ils me faut d'autres regards, & **la gloire fans témoins eft un palais fans** lumières..... Oui!... Plus je réfléchis à cette grande entreprise, moins je vois de difficultés à l'exécuter..... Tout tremble au bruit de mes tambours.... Les soldats français désertent aujourd'hui leurs drapeaux dès qu'il s'agit de les défendre.... Le prince trouvera peut-être quelqu'appui dans la fidélité de ses gardes? Mais leur petit nombre trahira leur courage & leur zèle..... Alors le parti en est pris... S'il faut un roi à la France je veux en être maître; s'il doit perdre l'empire, je veux pouvoir m'en faire un mérite.

SCENE II.

YETAFET, LAIBIL.

LAIBIL.

QUEL parti prenez-vous? le tems presse; déjà le peuple s'assemble.

YETAFET.

Je veux, mon cher Laïbil, assurer

votre

votre autorité & ma gloire ; je marcherai à la tête des troupes.

LAIBIL.

Ah ! c'est nous assurer la victoire.

YETAFET.

Mais, écoutez Laibil, il faut ici
allier la prudence au courage. Il ne
faut pas nous laisser soupçonner d'ambition ou d'intrigue. Quand on a
long-tems porté le masque, il ne
laisse voir en tombant que des
traits défigurés & ternis. Autant
notre modestie nous a été utile, autant elle nous rendroit odieux si nous
nous laissions pénétrer. Il convient
donc que nous ayons l'air de ne
prendre aucune part à cet événement ;
qu'une longue résistance constate notre répugnance, & que la violence à
laquelle nous aurons l'air de nous
soumettre, soit d'avance la preuve
de notre innocence ; vous connoissez
ma marche de ce jour ; elle ne va-
riera pas ... Vous restez ici ; remplissez
à l'ordinaire vos fonctions, & lors-

C

qu'il en fera tems vous me ferez avertir.

(Il fort.)

SCENE III.

LAIBIL, *feul.*

QUEL manège !... Voilà donc les profondeurs de la politique ! Grand dieu ! tu lis dans le fond des cœurs, tu fais que nous en fommes pas tous, également coupables !

SCENE IV.

LAIBIL, LA PEYROUSE, O PARJA, LE PEUPLE, LA GARDE.

Le peuple (lance avec violence fur la fcène la Peyroufe fanglant & en défordre.)

V'LA un ariftocrate ;... un traître.. fa..t le pendre & le juger !

LAIBIL.

Ah ! voilà sans doute quelque victime qu'il faut que j'arrache à leur fureur.

LA PEYROUSE (*reconnoiſſant Laibil*).

Mais c'eſt lui... Quel coſtume nouveau !... Oui, c'eſt Laibil.... Ah ! mon cher Laibil, quel bonheur pour moi que de rencontrer un honnête homme. Inſtruiſez-moi, de grace qu'eſt-ce que... tout m'étonne & me bouleverſe.... (*Il veut embraſſer Laibil.*)

LAIBIL (*le repouſſe avec dignité.*)

Reſpectez ma mairie .. Songez que vous parlez à votre chef & votre juge.

LE PEUPLE.

Ah ! ah ! vois-tu comme il refuſe ce baiſer de Juda ! Ces ariſtocrates ſont les amis de tout le monde quand ils ont peur. A la lanterne d'abord !

C 2

LA PEYROUSE.

Tout le monde eſt fol !... *Il crie
de toute ſa force*). Laibil ! Laibil !
réveillez - vous ! reconnoiſſez-moi !
reconnoiſſez-vous !

LAIBIL.

Citoyen je vous reconnois fort
bien, & vais procéder à votre interrogatoire.

LE PEUPLE.

Point tant de cérémonie, mon-
ſieur le juge, c'eſt un ariſtocrate ;
j'allons le mettre à la lanterne &
vous ferez vot métier après, vous
aurez du tems de reſte pour ça.

LAIBIL.

Au nom de la loi, Meſſieurs, permettez que je l'interroge.

LE PEUPLE.

C'eſt inutile, la nation l'a con-
damné. Qu'eu que c'eſt que la liberté
ſi je ne pouvons faire tout ce que
je voulons.

L A I B I L.

Je fais tout le respect que je dois à la voix du peuple, mais si son interrogatoire nous fait connoître les chefs de la conspiration, si au-lieu d'un coupable vous en avez trente à punir.

L E   P E U P L E.

Ma sinte, il a raison ! C'est un brave Magistrat que ça ! Interrogez donc, Monsieur, mais de manière à lui faire tout dire, & lui tirer les vers du nez. J'allons tout écouter, car la justice est publique. Ça va bien mieux da ! depuis que je nous en melons.

L A I B I L.

Homme quel est votre nom ?

L A   P E Y R O U S E.

Le Comte de la Peyrouse.

L E   P E U P L E.

Je l'avons bian déniché, c'est un Comte ! à la lanterne !

LAIBIL.

Quel est votre état ?

LA PEYROUSE.

Je suis militaire.

LAIBIL.

Avez-vous prêtez le serment ?

LA PEYROUSE.

Oui ! J'ai juré d'être toujours fidèle au Roi.

LE PEUPLE.

Voyez-vous ! le chien d'aristo-crate ! à la lanterne !

LAIBIL, (*par forme de conversation*).

Avez-vous trouvé le fameux pas-sage ?

LA PEYROUSE.

Oui ! & si mes vassaux avoient été en meilleur état, je serois arrivé par-là.

LE PEUPLE.

L'avez-vous bien-entendu, mon-sieur le Juge, il a découvert le fameux paflage de Mont-martre , & il auroit conduit fes vaifleaux pour foudroyer Paris ! A le chien de trai-tre ! vous verrez que c'eft queu qu'é-goût que je ne connoiffons pas ! Ces ariftocrates profitant de tout. Ne pouvant avoir la ville d'aflaut , ils veulent la prendre à l'abordage.

LAIBIL (*avec gravité*).

Etes-vous depuis long-tems à Paris?

LA PEYROUSE.

Ce Peuple le fait auffi-bien que moi. J'arrive.

LE PEUPLE.

Oh! je fefons bonne police , je l'avons arrêté à tems ! le traître , il alloit peut-être ouvrir la porte de l'égoût à fes vaifleaux.

LAIBIL (*toujours en accufant*).

Avez-vous fait des cartes?

LA PEYROUSE.

Oui , j'en ai beaucoup ! mais ce n'eft asp le moment de les montrer.

LE PEUPLE.

Faudra bien qu'il les montre. J'allons le fouiller. Voyez queu chien! C'eſt lui qui a fait les cartes pour le faubourg Saint-Antoine. Queu capture j'avons fait-là. C'eſt peut-être le Comte d'Artois... Faudra lui demander ça bien finement.

LAIBIL *(à-part)*.

Je ſuis combattu par les devoirs de ma place, & mon amour pour les ſciences... Mes queſtions indiſcretes le conduiſent au bord du précipice... Il faut l'éloigner. *(à la Peyrouſe)*. Sortez un moment. *(La Peyrouſe ſort)*.

(Au Peuple).

Vous voyez comme il ſe compromet par ſes réponſes) il faut le laiſſer libre, & ſa conduite nous en découvrira bien davantage.

LE PEUPLE.

Oui, c'eſt bian fait. Je le reprendrons toujours, & ſi cela en fait pendre trente, comme vous nous le promettez , ça ne fera que reculer pour mieux fauter.

LAIBIL.

Qu'on le fafſe rentrer. (*La Pey-roufe rentre*)
Citoyen, vous êtes libre. Je vais vous donner quatre fufiliers pour vous conduire.

LA PEYROUSE.

Je vous prie , Monſeigneur de Laibil , de me permettre de vous confier un billet que je vais écrire , il concerne mes plus chers intérêts·

(Il écrit ſon billet, & le donne à Laibil).

Je ne puis trop vous remercier de la juſtice que vous m'avez rendue.

(Il ſort).

SCENE V.

LAIBIL, LE PEUPLE.

LE PEUPLE.

VOILA une justice faite; mais j'en avons une autre encore qui presse.

LAIBIL.

De quoi s'agit-il, mecchers conci-toyens?

LE PEUPLE.

Je voulons aller couper la tête à ces chiens de gardes-du-corps qui font des geuletons pendant que je mourrons de faim.

LAIBIL (*à-part.*)

Bon.... (*au peuple*). Mais êtes-vous bien instruits de cette prétendue of-fense.

LE PEUPLE.

Oh, que oui. Je l'avons lu dans un petit imprimé. Ils ont fait un grand

cabaret ; ils ont mangé plus de quinze
cent livres de pain, & bu à l'avenant ;
& puis ils ont dit au roi & à la reine
qu'ils l'aimions bien ; je n'aimons pas
ces façons-là.

LAIBIL (*à un confident*).

Sont-ils nombreux ?

LE CONFIDENT.

Oui.

LAIBIL.

Faites avertir le général.

LE CONFIDENT.

Tout est prêt. Il avoit donné ses
ordres ; il va arriver dans l'instant.

SCENE VI.

YETAFET, LAIBIL, LE PEUPLE.

LE PEUPLE.

AH! v'là le révo'utionneux !

YETAFET.

Qui a-t-il pour votre fervice, mes amis ?

LE PEUPLE.

Faut que tu nous conduife à Ver-
failles.

YETAFET.

Je fuis fait pour obéir à toutes vos
volontés & mourir à votre fervice ;
mais permettez que je vous repréfente.

LE PEUPLE.

Il n'y a pas de repréfentation qui
tienne, faut marcher.

YETAFET.

Mais fongez combien de malheur

vont être la suite de cette démarche.

LE PEUPLE.

Je n'avons pas besoin de biaux discours. Je t'avons fait not' commandant pour que tu nous obéisses ; ainsi marche, ou à la lanterne !

YETAFET (*à Laibil.*)

Vous l'ordonnez, Monsieur.

LAIBIL.

C'est la volonté du peuple.

YETAFET.

Allons mes amis, je vais mourir à votre tête.

(*Tous sortent.*)

ACTE III.

SCENE PREMIERE.

LA PEYROUSE *(entre dans la salle d'un hôtel au palais-royal.)*

FUT-IL jamais un homme plus malheureux ! assailli, persécuté au milieu de ma patrie, ne reconnoissant ni ses loix, ni ses troupes, ni ses juges, je ne trouve aucun appui ; je ne puis même rencontrer un ami qui m'explique ce que mon esprit ne peut concevoir.... Mais enfin je goûterai peut-être un peu de calme dans cette maison, & j'y prendrai les instructions que je ne sens que trop m'être nécessaires... Hola, quelqu'un !

SCENE II.

LA PEYROUSE, LA MAI-TRESSE DE L'HOTEL.

LA PEYROUSE.

AH! Madame, je suis au désespoir que vous ayez pris la peine de venir vous-même.

LA MAITRESSE.

Monsieur, je ne fait que mon devoir.

LA PEYROUSE (*à-part.*)

Enfin je vais trouver un être raisonnable. Madame, je viens m'établir chez vous.

LA MAITRESSE.

Monsieur, vous ne pouvez mieux faire. Vous saurez toujours les nouvelles le premier ; car tous ces Messieurs de l'assemblée se réunissent ici. Qu'est-ce que Monsieur desire pour son dîner?

LA PEYROUSE.

Ce que vous voudrez, Madame,
un poulet & des cotelettes de mouton.

LA MAITRESSE.

Il est indifférent pour Monsieur
que ce poulet soit un perdreau, &
les cotelettes du chevreuil.

LA PEYROUSE.

Je préfere le mouton & la volaille.

LA MAITRESSE.

Il n'y en a pas dans la maison. Depuis la révolution on ne mange que
du gibier en France. Monsieur est-il
bien pressé de dîner?

LA PEYROUSE.

Pressé, Madame, je n'ai rien pris
de la journée, & je suis horrible-
ment fatigué.

LA MAITRESSE.

Il faudra que Monsieur ait la bonté
d'attendre un moment, parce que le
cuisinier fait un service.

LA

LA PEYROUSE.

Que je ne vous dérange pas ; je
n'ai pas befoin de beaucoup d'apprêts,
& puifque le cuifinier fait un fervice,
il peut me faire réchauffer quelques
plats fans que cela le dérange.

LA MAITRESSE.

Monfieur ne me comprend pas
bien ; c'eft fon fervice militaire qu'il
fait en ce moment ; il eft au corps-
de-garde.

LA PEYROUSE (avec furprife.)

Son fervice militaire !

LA MAITRESSE.

Oui, Monfieur, il eft major, &
fans mon compere qui eft colonel, il
l'eût été, car c'eft un bel homme.
Meffieurs les gardes - françaifes ont
rechigné un moment, mais les bourgeois les ont mis à la raifon. Notre
tour de commander eft enfin venu.

LA PEYROUSE.

Me voilà retombé dans les mêmes
énigmes !... Madame, pendant que

nous causerons ici , ayez la bonté de me faire donner un morceau de pain.

La Maitresse-

Volontiers , Monsieur , je vais donner des ordres, & si nous pouvons avoir seulement deux fusiliers, vous en aurez dans moins de deux heures.

La Peyrouse.

Deux heures ! deux fusiliers !

La Maitresse.

Oui , Monsieur. Oh , que cela ne vous inquiete pas , nous ne manquerons pas de fusiliers , depuis que nous sommes libres, tout le monde est soldat.

La Peyrouse.

Mais , Madame , ce mot de liberté retentit sans cesse à mes oreilles ; dites-moi un peu ce que l'on entend par-là en France ?

La Maitresse.

Monsieur ne sçait pas ça encore ?

Oh, c'est bien plus beau qu'autrefois !
actuellement, Monsieur, tout le monde a le droit de faire des motions ;
vous n'avez qu'à mettre la tête à
la fenêtre, vous en entendrez dans
le jardin. Et puis quand on a acheté
une livre de pain, on est bien sûr
de la manger, parcequ'on la fait
escorter par un grenadier. Nous n'allons plus nous promener le diman-
che qu'entre deux sentinelles. Cela
a bon air, Monsieur, on voit tout
de suite que tout le monde est libre.

LA PEYROUSE.

Voilà certainement de grands ca-
ractères de liberté. Mais est-on plus
heureux ?

LA MAITRESSE.

Oh, non, Monsieur. Tout le
monde souffre. Les marchands sont
ruinés, les ouvriers sont sans travail,
les domestiques sans place, & vous
ne trouverez pas un écu dans Paris.

LA PEYROUSE.

Tout ceci est désastreux. Je vois

que les grands feuls profitent de cette
liberté aux dépens du peuple.

LA MAITRESSE.

Oh, que non, Monfieur. Les grands
font plus malheureux que nous
encore. Ils font tous chaffés du Royaume, on brûle leurs chateaux, on
coupe leurs bois, & perfonne ne
veut les payer.

LA PEYROUSE.

Mais qui profite donc de ce
changement ?

LA MAITRESSE.

On dit que c'eft l'homme.

LA PEYROUSE.

Mais quel homme.

LA MAITRESSE.

Ma foi, ce n'eft pas nous toujours.
Si nous avions feulement du pain !

LA PEYROUSE.

Quoi, Madame, eft-ce-que la fa-
mine eft en France ? Eft-ce-qu'il

n'y a pas eu de recolte cette année.

LA MAITRESSE.

Oh, Monfieur, la plus belle qu'on ait jamais vue. Mais cela n'empéche pas que le pain ne foit la chofe du monde la plus rare. Je vous jure que nous avons à Paris plus de poudre a canon que de farine.

LA PEYROUSE.

Mais quelle peut être la caufe de cette difette?

LA MAITRESSE.

Vous le favez bien, Monfieur.

LA PEYROUSE.

Je vous jure que tout eft un miftère pour moi.

LA MAITRESSE.

Mais, Monfieur, fçait bien que ce font les ariftocrates.

LA PEYROUSE.

Je vous jure que je ne vous comprend pas.

LA MAITRESSE.

Tout le monde sait que les aristocrates empêchent les boulangers de cuire, les moulins de tourner, ils ne laissent pas même couler les rivières.

LA PEIROUSE.

Mais qu'entendez-vous par ces aristocrates.

LA MAITRESSE.

Ce que J'entends? Ces monstres qu'il faut égorger.... ces hommes....tenez, je vais vous chercher les petits imprimés, ils ne parlent que de cela. (*Elle veut sortir & rentre effrayée*) entendez la nation.... écoutez.

LE PEUPLE (*dans le jardin*)

A la lanterne! L'accapareur de bled! L'aristocrate!

LA MAITRESSE.

Vous allez savoir, Monsieur, ce que c'est qu'un aristocrate, mais

il faut vous dépêcher, car son affaire
fera bientôt faite .... mettons nous
à la fenêtre.... Oh, ciel! ils font a
ma porte! c'eſt peut-être mon mari
qu'ils cherchent!.... Ah : Je ſuis
perdue!.... ſi la nation entre ici,
je ſuis ruinée.

SCENE III.

LA PEYROUSE, LA MAITRESSE, LE PEUPLE.

LE PEUPLE.

A LA lanterne ! il eſt ici ! (*à la maî-
treſſe*) vous avez ici un accapareur...'
un ariſtocrate .... il faut le pendre..'

LA MAITRESSE (*à genoux & pleurant*).

Graces, Meſſieurs, graces pour lui !
Je vous jure qu'il n'a de pain que
ce qu'il en faut pour noſſeigneurs
les Députés !

LE PEUPLE (*appercevant la Peyrouſe*).

Le voici ! le voici ! à la lanterne !

La Maitresse.

Ciel ! ce n'eſt donc pas mon mari qu'ils cherchent !

La Peyrousse *(ſe débattant)*.

Mais que me voulez-vous ?

La Maitresse.

Meſſieurs les Citoyens, je vous aſſure que c'eſt un pauvre garçon qui ne ſe doute rien. Il eſt ſi loin d'êtie un accaparateur, qu'il n'a pas mangé un morceau de pain de toute la journée.

Un homme du Peuple

(tenant un billet).

Il ne ſe doute de rien ! le pauvre garçon !....... Tenez, liſez ce billet.

(Il lit).

Je prie le premier commis de la marine de vouloir bien veiller à des grains que j'ai ſur mon vaiſſeau, & qui ſont pour moi de la plus grande importance.

LE COMTE DE LA PEYROUSE.

Je vous protefte, Meffieurs, que ce font quelques facs de grains que j'apporte de mes voyages, pour faire des expériences.

LE PEUPLE.

Des expériences!... Oui, à nos dépens!... Tu vas faire une expérience que tu ne répéteras pas deux fois.... Allons à la lanterne! (*Ils l'entraînent*).

UN DE LA TROUPE.

Attends, je vais faire fon affaire; j'ai quatre charges dans mon fufil, (*il vife la Peyrouf, le manque & tombe à la renverfe*).

GUILLAUME.

Son fufil a tiré à rebour , je crois qu'il s'eft tué. (*Il veut ramaffer le fufil*).

LE PREMIER HOMME
(*qui a tiré*).

Ciel! Guillaume , prends garde à

ce que tu vas faire ! il y a encore quatre coups à tirer.

GUILLAUME.

Ah bin , puisqu'ils sont si long-tems à partir, je n'avons pas le tems de les attendre, j'allons le mettre à la lanterne.

SCENE IV.

LA MAITRESSE.

LE malheureux garçon ! il a l'air si doux, si honnête ! je gagerois qu'il n'est point coupable ! Mon dieu ! encore si nous n'étions pas libres, on auroit pu le juger... Apparemment que cela doit être comme cela pour la liberté, il faut d'abord chasser les Parlemens & la Justice... (*Elle re-garde à la fenêtre*). Ciel ! le voilà pen-du ! Cela suffoque !... Ah ! la corde casse... Je n'y puis tenir... Je me trou-ve mal... J'expire... (*Elle tombe*).

SCENE V.

BIMEAURA LA MAITRESSE.

BIMEAURA.

(Appercevant la maîtresse).

MADAME du Club? qu'avez-vous?...
Elle se trouve mal... (*Il la secoue*)
Madame du Club! Madame du Club

LA MAITRESSE (*revenant à elle*).

Où suis-je! ciel!... Est-il mort? le
malheureux!

BIMEAURA.

Qui donc?

LA MAITRESSE.

Hélas! ce jeune homme qu'ils ont
enlevé de chez moi?

BIMEAURA.

Non. soyez tranquille! C'étoit
une erreur... J'ai commandé au Peuple de se retirer.

La Maitresse.

Tant mieux! Monsieur! c'est une bonne œuvre que vous avez faite...

Bimeaura. (*à part*).

Ce sont d'autres victimes qu'il me faut.

La Maitresse.

Par cet acte d'humanité, je vois bien que vous n'êtes pas de l'avis de ces brigands. Il faudroit les faire pendre avec tous ceux qui les payent & les conduisent... Nous aurons cette consolation là, n'en doutez pas. Ah! Monsieur, que la liberté me fait peur; j'ai bien de la peine à m'y accoutumer.

Bimeaura.

Cela viendra, Madame du Club! cela viendra! En attendant, allez vous mettre dans votre lit.

La Maitresse.

Oh! je le crois ; ce qu'il y a de mieux à faire, c'est de goûter la liberté dans sa chambre bien fermée.

(Elle sort).

SCENE VI.

BIMEAURA (*seul*).

A QUEL affreux supplice me livrent l'incertitude & l'attente !... Non jamais il ne résistera à cette épreuve !... Elle ne peut enfin échapper à ma fureur !... Quelle vaste carriere va s'ouvrir devant moi. Reken fuira dans ses montagnes, Laibil rentrera dans le néant d'où il est sorti ; Yetafet !... Yetafet ne vivra.... Yetafet périra.

SCENE VII.

BIMEAURA, MONTMICY, CATEPANE, ALMENANDRE, MOLA (*entrent successivement.*)

MONTMICY.

A H ! cher Bimeaura, que cette rencontre est heureuse pour moi. Depuis un mois je cherchois à avoir avec vous un entretien secret.

BIMEAURA.

Que ne parliez-vous, mon enfant, vous connoissez mes dispositions pour vous.

MONTMIGY.

Je sais tout ce que je vous dois; mais depuis long-tems vous ne m'avez rien fait faire, & si vous m'abandonniez à moi-même, je serai bientôt oublié du public.

BIMEAURA.

Vous ne vous plaindrez pas de ma négligence, quand vous lirez cette motion que j'ai preparée pour vous; elle vous fera le plus grand honneur; il s'agit d'anéantir tous les titres, de supprimer tous les cordons; soyez sûr que c'est du bon.

MONTMICI.

Je reconnois-là vos bontés pater-nelles,

BIMEAURA.

Allez la lire dans un coin ; j'apperçois Catepane qui vient à nous.....
Eh bien, Catepane, vous êtes donc bien affligé des réflexions qu'on a faites fur ces arrêts de furféance.

CATEPANE.

Oh, cela ne me fait d'autre peine que le tort que cela fait à mon crédit ; c'étoit des chofes inutiles à dire ; mais Meffieurs les journaliftes ne fe gênent fur rien ; ils pourroient cependant fe contenter de l'abandon que nous leur avons fait des ariftocrates, & ménager les citoyens honnêtes.

BIMEAURA.

Que me donneras-tu fi je te tire de cet embarras.

CATEPANE.

Ma foi, dix pour cent dans mon premier emprunt ; mais que ferez-vous Bimeaura.

BIMEAURA.

Tiens, vas méditer ce mémoire fur

les économies à faire dans la maison
du roi & celle de la reine; tu en tire-
ras parti pour tes affaires; il y aura
des arrangemens à prendre avec les
gens à garder & ceux à renvoyer...
Tu m'entends!

CATEPANE.

Si je vous entends! Je vous avois
deviné avant que vous n'eussiez
achevé de parler.

ALMENANDRE.

Bon jour, Bimeaura.

BIMEAURA.

Ah! je ne m'attendois pas à cette
surprise

(*Catepane se retire à l'écart pour lire.*)

ALMENANDRE.

Je ne croyois pas que ma présence
vous fit cet effet. J'ai un assez grand
intérêt pour me présenter souvent
devant vous. Je compte toujours,
comme vous savez, que vous me
porterez au ministere de la marine;
mais

mais je ne vois point réaliser cette
espérance.

Bimeaura.

Patience, Almenandre; c'est déjà
beaucoup pour un homme de votre
âge d'avoir cru parvenir à ce poste
éminent. Mais voici votre frere Mola
qui a plus que vous besoin d'être
consolé. (*à Mola*) D'où te vient,
mon cher Mola, cette sombre tris-
tesse?

Mola.

Ah! d'où elle me vient! avec le plus
grand desir de faire, rien ne me
réussit. Quand je fais le Ciceron on
me hue; quand je deviens César on
me berne; il n'y a pas là de quoi se
réjouir.

Bimeaura.

Console toi, Mola, je te promets
de te faire parler tous les jours à l'assemblée pendant un quart-d'heure,
sans te compromettre. Tu liras le
procès-verbal; car je te ferai secrétaire de l'assemblée, en attendant que

ton frere puisse être secrétaire d'état.
Adieu, mes enfans, je vous laisse
ensemble, de plus grands objets m'at-
tirent ailleurs.

SCENE VIII.

MONTMICI, CATEPANE, ALMENANDRE, MOLA,

MONTMICI [*finissant la lecture*]

C'EST parfaitement constitutionnel.

CATEPANE (*de même*)

Je suis très-content, ça rendra.

MONTMICI.

Messieurs avez-vous lu dans l'ami
du peuple tout ce qu'on a dit de moi.

MOLA.

Je sais que tu as pour toi *l'ami du
peuple*; moi je n'existe que dans le
journal de Paris, & cette existence
vaut bien la tienne. Ce journal a eu

depuis deux mois une grande vogue ; il avoit d'abord adopté une plate gravité ; il avoit de la prétention à l'impartialité, & on ne le voyoit que dans les maisons des aristocrates, qui appelloient cette maniere un excellent ton.

Montmici.

Ah ! parbleu, c'est bien trouvé ; c'est du bon ton qu'il faut avec la liberté.

Mola

Ce sont de ces vieux radots qu'il faut leur passer ; mais, ma foi, depuis quelques tems ce journal est devenu bien bon ; il est plein de cette sainte fureur de l'égalité ; il fourmille de ces raisonnemens terribles qui renversent tout ; aussi il n'y a pas un cabaret où on ne le lise ; on le préfere déjà au patriote ; il a cela de charmant pour nous, c'est qu'il ne rend pas compte de nos séances, tout est du cru de l'auteur ; il développe ses principes & ses opinions avec bien plus d'aisance qu'il ne pourroit faire dans cette dia-

ble d'affemblée , qui n'eft pas endu-
rante.

ALMENANDRE

Et c'eft en cela qu'il eft plus utile.
J'avoue que c'eft lui qui a décidé
mon opinion fur les biens du Clergé,
par ce beau raifonnement qu'il a mis
dans fon Journal, raifonnement que
je regarde comme une des plus grandes découvertes de ce fiècle.

MONTMIY.

Qu'eftce donc? Je ne me le rap-
pelle pas.

ALMENANDE.

Lorfqu'il a dit : fi le Clergé eft pro-
priétaire de fes biens, les Officiers de
la marine fe croiront auffi proprié-
taires des vaiffeaux du Roi. Je trouve
qu'il n'y a rien à répondre à cela.
Voyez quelle adreffe d'avoir lié cette
affaire à la défenfe du Royaume,
aux intérêts du commerce; moi qui
vois la marine en grand , & qui ai
des vues fur elle, je n'ai pu réfifter à
ce trait de lumière.

MONTMICI.

Il faudra que je me fasse de ses amis. Car je n'ai pas été trop content de la peinture qu'a fait l'ami du Peuple de la manière dont j'ai lancé ma Préalable. La Préalable a, je l'avoue, de grands charmes pour moi. Cela évite les discussions, & met tout le monde d'accord. Si l'on avoit lancé la Préalable dès la première séance de l'Assemblée, nous ne serions pas où nous en sommes.

MOLA.

Pour moi, quand je me permets de faire le Cicéron, j'ai toujours bien de la peine à me défendre de la division. C'est ma Patrie. Cela donne double besogne, & developpe le caractère.

CATEPANE.

Plusieurs de mes amis m'ont conseillé de me livrer à l'amandement; mais c'est un travail pénible, pour lequel je ne me suis pas senti bien disposé.

E

ALMENANDRE.

Quant à moi, j'ai senti que lorsque tout le monde avoit pensé & discuté, la partie de la rédaction me meneroit loin, aussi ai-je cru quelque tems que j.allois être secrétaire d'état.

MOLA.

J'avoue que je préfere à tous les ministères la gloire que s'est acquise le grand Banaver, le jour où par son éloquence sublime & touchante, il a consolé en quatre mots toute la France des prétendus attentats commis sur Foulon & Berthier. Je n'ai d'autre ambition que la gloire de l'éloquence, je balancerois entre la campagne des annonciades & un bon mot de Romestierre.

CATEPANE.

Mais tu n'envies pas autant les rôles de Mounier, Lalli & Bergasse.

MOLA.

Ah! ce sont de grands gueux.

MONTMICL.

Meſſieurs, voici une motion que je propoſe en peu de mots. Allons à l'opera

MOLA.

Je ſuis de l'avis du préopinant.

CATEPANE.

Quoi, Mola, il faut te huer ſur une motion de ce genre là. Il falloit dire: j'appuie la motion, puiſque tu parlois le ſecond; c'eſt à moi à être de l'avis du préopinant. Apprends au moins à les former.

ALMENANDRE

Meſſieurs, la délibération eſt unanime, car je donne ma voix pour la motion, ainſi, partons.

ACTE IV.

SCENE PREMIERE.

BIMEAURA PECHEILLAR.

BIMEAURA.

Sa douleur, cher Pecheillar, allarme mon cœur.

PECHEILLAR.

Tes allarmes ne font que trop bien fondées. Tout est manqué. Le detestable dévouement du Roi, sa perfide humanité ont déjoué l'intrigue la mieux ourdie.... Mais à quoi sert-il de te détailler nos désastres.

BIMEAURA.

Ah! Parles, je t'en conjure, il est important de m'instruire.

PECHEILLAR.

Eh bien! apprends en peu de mots que cette colonne redoutable d'hommes déguisés, de soldats armés, d'artillerie menaçante, n'ont pu ébranler le monarque dans la réfolution, il s'eft préfenté à fon peuple avec la confiance d'un père. Nous avons répandu beaucoup de fang pour exciter au carnage, mais les Gardes-du-corps fe font laiffé maffacrer fans fe défendre, victimes de leur modération & de leur obéiffance. Rien n'a plus dérangé nos plans, que ce ridicule caprice, que les Ariftocrates appellent un fentiment noble & généreux, auquel les Gardes-Françaifes fe font abandonnés pour arracher à une jufte mort les ennemis de la patrie. Cependant, au milieu de ce défordre, nous avons pénétré jufques dans l'appartement de la reine; les affaffins, jufqu'à ce moment, ont foutenu leur refolution: fi tu favois quel homme entretenoit leur féroce courage! enfin nous arrivons auprès du lit Royal, dix lances & vingt poignards fe levent à la fois;.. la reine s'étoit fauvée, elle avoit trouvé un refuge dans les bras de fon époux. Nous n'avons pas cependant encore renoncé à notre en-

treprise Trois fois nous l'avons ap-
pellée fur le balcon, & trois fois
fon courage & cet air de majefté qui
brille en fa perfonne a déconcerté les
conjurés... Les traitres n'avoient plus
ni ame, ni bras, pour vouloir & pour
agir... L'armée s'eft enfin emparée
de la perfonne du roi & de fa famille, ils entrent dans la capitale.

BIMEAURA (*avec défefpoir*).

Ainfi Yetafet triomphe, & le monarque va voir augmenter l'amour de
fes fujets! Tout eft donc perdu!...
Mais, non, il me refte encore un parti
puiffant, l'intrigue & la terreur.

PECHEILLAR.

Voici une lettre qu'un de nos fidè-
les m'a chargé de te remettre en
mains propres.

BIMEAURA.

Donne vîte... (*il la lit bas & finit
haut*).

.   .   .   .

.   .   .   .

« Traitre ! je pars. Tu accuseras
» sans doute mon courage. Mais j'aime
» mieux avoir l'apparence de la foi-
» blesse, que de me couvrir avec toi
» de la gloire des scélérats.

Le monstre ! tout m'abandonne à-
la-fois !

SCENE II.

MOUNIER, BIMEAURA, PEYCHEILLAR.

MOUNIER.

Tu triomphes, Bimeaura, des nouveaux désordres qui affligent la France !

BIMEAURA (à-part).

Je triomphe ! j'ai la rage dans le
cœur !

MOUNIER.

Le malheur rend peut-être injuste !
mais ton nom accompagne toujours
les gémissemens de la France désolée.

BIMEAURA.

Je m'embarraffe peu de ce que di-
fent les ennemis de la liberté.

MOUNIER.

Les ennemis de la liberté! ah,
Bimeaura, fonges que c'eft moi qui
te parle; & l'homme qui a le courage
de braver le defpotifme du crime,
eft plus digne que toi de la liberté.

BIMEAURA.

Pourquoi donc te trouvons-nous
toujours oppofé aux vrais amis du
Peuple.

MOUNIER.

Je ne me flatte point ici de t'inf-
truire ou de te convertir. Tu fais
mieux que moi, qu'un homme impar-
tial ne peut confondre la liberté avec
la licence d'un parti & les excès du
peuple. Tu fens que nous ne pouvons
pas croire à la liberté, lorfque le
premier citoyen de l'état gémit dans
les rigueurs de la captivité; lorfque

la force protectrice est anéantie de
toute part ; lorsque la démocratie,
incompatible avec notre population,
notre position géographyque, & nos
mœurs, est la seule ressource qu'on
nous offre, après l'anarchie dans laquelle nous sommes plongés ; la liberté
existe, dit-on, dans la balance des
pouvoirs, & juges de quel côté panche
la balance, puisque de simples femmes
ont suffi pour priver même de la liberté, le monarque qui doit contre-
balancer les excès de l'autorité popu-
laire ; tu sens que lorsque la liberté,
que tu prétends avoir conquise, n'est
qu'une calamité publique, il est im-
possible de ne pas regretter celle qui
nous étoit offerte & que nous obte-
nions sans convulsion.

BIMBAURA.

Je reconnois-là les derniers regrets
de l'aristocratie expirante, & qui ne
peut rendre hommage à l'autorité souveraine du peuple.

MOUNIER.

Ce n'est pas à moi sans doute que

tu comptes en impofer par cette ridicule expreſſion. Reſerves tes reſſorts ufés pour ce peuple malheureux que tes intrigues agitent. Sans doute il m'eſt démontré qu'il faut que le peuple règne pour que les fcélérats intriguans foient maîtres. Tu ne t'es fait tribun que parce que tu ne pouvois être defpote ; & ces prétendus ariſtocrates font ſi éloignés de te difputer l'autorité que tu veux acquérir, que s'il étoit poſſible de rappeller le defpotiſme, qui pour jamais a fui ces contrées, ils te rapprocheroient du trône. Au reſte, je ne me diſſimule par tes fuccès. Toi & tes coupables adhérants, vous n'avez que trop bien joué votre rôle ; vous avez fupplanté ceux qui exerçoient l'autorité, pour vous mettre à leur place ; l'édifice de votre puiſſance s'élève au milieu des ruines ; le sang a cimenté vos trophées, mais fongez que les larmes peuvent les diſſoudre. Le dernier terme de l'autorité eſt fouvent la perte des ambitieux, actuellement que vous l'avez tant acquife...

BIMEAURA (*à part*).

Toute acquise! ce mot est cruel, au moment ou elle m'échappe!

MOUNIER.

Nous allons voir quel usage vous en faurez faire. Crois-tu que la liberté ne répugne pas à ces recherches inquisitoriales, à ces délations, à ces entraves qui gênent & l'opinion & la marche des citoyens.

Il est plus dangereux d'approfondir la conduite de nos démagogues, que celle de nos anciens despotes. Enfin je suis un citoyen comme toi, libre comme toi, & il me faut un espèce de courage pour dire que je désapprouve tes principes.

Je crois que tu bouleverses sans précaution ma triste patrie, & je ne puis éclairer mes concitoyens! si tu ne désirois que le bonheur de la France, pourquoi étouffer nos voix au lieu de juger nos principes. Crois-tu que la fureur & l'emportement foient des fituations faites pour des législateurs?

Nous espérions une constitution sage d'un pouvoir législatif, & nous ne devons plus attendre qu'une révolution funeste d'un pouvoir convulsif.

Tout est à-la-fois ébranlé, tout est à l'essai dans l'Empire, les passions s'agitent dans tous les sens, c'est sur ce fond mobile que tu comp...mets les destinées de la France, que tu prétends élever tout-à-coup un édifice où nos mœurs, nos habitudes & nos sentimens seront également contrariés. Ah? rends au charlatanisme la magie des surprises & que la saine politique déploie avec sagesse l'art heureux des tempérammens !

B I M E A U R A.

Il n'est pas juste que je reçoive seul cette bordée de patriotisme, j'en abandonne le reste à l'ambitieux qui se présente.

SCENE

SCENE III.

MOUNIER, YETAFET.

MOUNIER (*à Bimeaura qui sort*).

Oui, sans doute, je n'ai pour tous les hommes qu'un poids & une balance.

YETAFET.

Ce n'est pas moi, j'espère que vous confondez avec ce traître.

MOUNIER.

Yetafet, vous n'attendez pas de moi, que dans ce moment d'attentat de tous genres, je déguise mes opinions; plus vous avez élevé votre puissance, plus j'exale ma liberté & mon courage.

YETAFET.

Que dites-vous de ma puissance ? Je ne suis qu'obéir au peuple qui commande.

F

MOUNIER.

Je fuis familiarifé avec le langage du démagogue il doit l'attribuer tout au peuple qu'il conduit. Mais enfin, Yetafet, vous n'efpérez pas pouvoir étouffer ce cri qui vous demandera éternellement compte de la liberté de notre roi; vous direz sans doute un jour pourquoi, vous avez ignoré feul dans Paris les mouvemens du peuple; pourquoi vous avez affuré que tout étoit calme, au moment ou on alloit tout égorger. Je ne vous dirai qu'un mot. Ou vous avez fomenté ces derniers troubles; & vous êtes un traitre; ou vous les avez ignorés & vous êtes un général incapable. Il faut ici facrifier votre confcience ou votre amour propre. Je vous abandonne peut-être aux déchiremens de l'un & de l'autre.

(*Il fort*).

SCENE IV.

YETAFET, (*seul.*)

ILS ne m'ont que trop deviné ! j'espérois conserver ma popularité & mon crédit... L'un & l'autre sont également compromis ; je n'ai trompé ni le monarque, ni le peuple, & dans cette affreuse journée , j'ai donc uniquement servi les intérêts de Bimeaura.

SCENE V.

LA PEYROUSSE, YETAFET.

YETAFET, je me mets sous ta sauvegarde. J'ignore tous les nouveaux usages de ma patrie & mes moindres actions deviennent des crimes. Sauvez-moi des périls où mon ignorance me plonge.

F 2

Y E T A F E T.

Ton embarras me touche & tes
peines ne dureront pas long-temps.
Je te faits caporal dans la milice,
endoſſe l'uniforme, alors tu pourras-
agir & parler. Rends compte de tes
travaux à l'aſſemblée, & peut-être
obtiendras-tu pour récompenſe l'honneur d'aſſiſter à une de ſes ſéances.
Adieu.

S C E N E   V I.

LA PEYROUSE, (*ſeul.*)

Voila donc le terme de mes travaux pénibles. Mais je dois m'ou-
blier moi-même au milieu des malheurs
qui accablent mon roi.

SCENE VII.

LA PEYROUSE, O PARIA.

O PARIA (*tout couvert de rubans*).

PARTONS pour la France, capitaine! partons, je viens de voir apprêter le repas de nation! des têtes sanglantes! des cadavres déchirés! c'est quelque bête féroce qui vit de chair humaine, partons pour la France. Partons.

LA PEYROUSE.

D'où vient cet accoutrement nou-veau?

O PARIA.

'est un préservatif contre sa vo-racité.

LA PEYROUSE.

Oui, partons, o Paria, fuions ces terribles contrées. Je croyois y recevoir un autre accueil, & fi tout le monde n'eft pas dupe, la découverte des gens qui profitent de cet affreux boulverfement, fera le problême dont la folution occupera mes vieux jours.

F I N.

9 782019 147525

UN MOMENT DE GAITÉ.

SI J'ÉTAIS ROI !

—

Air du *Fou de Tolède.*

Si j'étais roi, adorable Julie,
N'y aurait plus
Dans la France, ma noble patrie,
Aucun abus;
De toutes parts détestant l'arbitraire,
Aussi, je croi
Que mes sujets m'appelleraient leur père
Si j'étais roi,
Oui, si j'étais roi.

Si j'étais roi, mon âme bienfaitrice,
Aux malheureux,
De chaque palais ferait un hospice,
Et tous mes vœux
Seraient d'aider les gens dans la misère,
Aussi, je croi
Que mes sujets m'appelleraient leur père,
Si j'étais roi,
Oui, si j'étais roi.

Si j'étais roi, de chaque puissance
Je voudrais voir

Des provinces s'offrir à la France,
    Pleines d'espoir,
Qui chercheraient un abri tutélaire
    Auprès de moi,
Et dont ainsi je deviendrais le père,
    Si j'étais roi,
  Oui, si j'étais roi.

Si j'étais roi, je donnerais audience
    A mes sujets.
Qui, librement me diraient ce qu'ils pensent
    De tous mes faits,
Et si quelqu'un, par des faits arbitraires,
    Violait la loi,
Leur punition serait des plus sévères,
    Si j'étais roi,
  Oui, si j'étais roi.

Si j'étais roi, je tiendrais mes promesses
    Sur mon honneur,
Et, j'en suis sûr, j'aurais des forteresses
    Dans chaque cœur,
Qui vaudraient mieux que celles qu'on peut faire
    Et qui, je crois,
Des autres rois défieraient la colère,
    Si j'étais roi,
  Oui, si j'étais roi.

Si j'étais roi, crois-tu que toi, que j'aime,
    Je t'oublierais ?

Non, je ceindrais ton front du diadême,
      Et des Français
Appaisant partout l'affreuse misère,
      Autant que moi,
Tous mes sujets t'appelleraient leur mère,
      Si j'étais roi,
      Oui. si j'étais roi.

A. F. A. FONVAL DU TAILLIS.

LES GRISONS.

Air du *Roi d'Yvetot*.

Dans Paris, plus d'un vieux grison,
      Pour avoir jeunes filles,
Leur promettent robes , jupon ,
      Et bijoux et mantilles;
Aussi, quand elles ont leurs cadeaux,
Elles les appellent nigauds
      Ou sots ;
   Ah! ah! (*bis*) ah! ah! (*bis*)
Qu'ils sont donc bêtes ces vieux–là,
      La la.

J'en sais un qu'a bien cinquante ans,
      Qui s'en dit trente-deux ;
A beauté, aux appâts naissants,
      Monsieur fait les doux yeux ;
Aussi, quand il tourne le dos,
On en rit, mangeant ses gâteaux
      Tous chauds,
   Ah! ah! etc.

Il y a promis un chapeau,
　　Afin de la séduire,
Une robe, un beau manteau,
　　Ainsi qu'un cachemire ;
Mais, quand on aura les effets,
On enverra ce vieux benêt
　　　　Au frais.
　　　Ah ! ah ! etc.

Il n'a plus de dents dans la bouche,
　　Ni cheveux sur la tête,
Et de plus, par malheur il louche,
　　Et du reste est si bête,
Qu'on ne désespère pas dutout
Qu'un de ces jours ce vieux coucou
　　　　Soit fou.
　　　Ah ! ah ! etc.

On devrait prendre ces vieux fous
　　Qui courent les jeunes filles,
Et puis vous les enfermer tous
　　Dans de grandes bastilles ;
Là, du moins, ils seraient tranquilles,
N'iraient plus après les gentilles
　　　　Filles.
　　Ah ! ah ! (*bis*) ah ! ah ! (*bis*)
Peut-être verrons-nous cela,
　　　　La la.

A. F. A. Fonval du Taillis.